문학과지성 시인선 131

미시령 큰바람

황동규 시집

문학과지성사에서 펴낸 황동규의 시집

나는 바퀴를 보면 굴리고 싶어진다(1978, 개정판 1994)
악어를 조심하라고?(1986, 개정판 1994)
몰운대행(1991, 개정판 1994)
풍장(1995)
외계인(1997)
버클리풍의 사랑 노래(2000)
우연에 기댈 때도 있었다(2003)
꽃의 고요(2006)
사는 기쁨(2013)
겨울밤 0시 5분(2015, 문학과지성 시인선 R)
연옥의 봄(2016)

문학과지성 시인선 131
미시령 큰바람

초판 1쇄 발행 1993년 11월 30일
초판 15쇄 발행 2020년 6월 8일

지 은 이 황동규
펴 낸 이 이광호
펴 낸 곳 ㈜문학과지성사

등록번호 제1993-000098호
주   소 04034 서울 마포구 잔다리로7길 18(서교동 377-20)
전   화 02)338-7224
팩   스 02)323-4180(편집)   02)338-7221(영업)
전자우편 moonji@moonji.com
홈페이지 www.moonji.com

ⓒ 황동규, 1993. Printed in Seoul, Korea

ISBN 89-320-0660-1 02810

이 책의 판권은 지은이와 ㈜문학과지성사에 있습니다.
양측의 서면 동의 없는 무단 전재 및 복제를 금합니다.

문학과지성 시인선 131

미시령 큰바람

황동규

1993

自 序

숫꿈을 꾸고 싶다.

1993년 가을
황 동 규

미시령 큰바람

차 례

▨ 自 序

I. 숫꿈

꿈 꽃/11
오어사(吾魚寺)에 가서 원효를 만나다/12
날강도, 야반에 짚을 몰고/16
허난설헌 생가/17
최후의 시/18
김현 묻던 날/19
친구의 무덤에서/20
김현의 본명은?/21
가을엔/22
늦가을 빗소리/23
초겨울밤/24
꽝꽝 언 길 달리고 싶어/25
지방도에서/26
미시령 큰바람/27
오색(五色) 문답/31
이백(李白) 주제에 의한 일곱 개의 변주곡/32
죽음 즐긴 라이프니츠/36
삼봉 약수/37
매 미/39

귀뚜라미/40
바위옷 바람/42
도가니가 마르기 시작할 때/43
밤새워 글쓰기/44
떠돌이별/48
지구 껍질에서/49
마왕(魔王)/50
내 젊은 날에 대한 회상기를 읽고/53
내 시(詩)벗 오규원은/55
한발 앞서간 황인철을 위한 짧은 세속(世俗) 미사/56
미소 알맞게 짓고 있는 해골/58
SOS/59
시멘트 나라의 꽃/61
지난밤 꿈에/62
아파트 나라의 민들레/63
몰운대는 왜 정선에 있었는가?/64

Ⅱ. 더 비린 사랑 노래
더 비린 사랑 노래 1/71
더 비린 사랑 노래 2/72
더 비린 사랑 노래 3/73
더 비린 사랑 노래 4/74
더 비린 사랑 노래 5/75
더 비린 사랑 노래 6/76
더욱더 비린 사랑 노래 1/77
더욱더 비린 사랑 노래 2/78

더욱더 비린 사랑 노래 3/79
더욱더 비린 사랑 노래 4/80
더욱더 비린 사랑 노래 5/81
더욱더 비린 사랑 노래 6/82

III. 풍장(風葬)

풍장(風葬) 35/85
풍장 36/86
풍장 37/87
풍장 38/88
풍장 39/89
풍장 40/90
풍장 41/91
풍장 42/92
풍장 43/93
풍장 44/94
풍장 45/95
풍장 46/96
풍장 47/97
풍장 48/98
풍장 49/99
풍장 50/100
풍장 51/101
풍장 52/102

▨ 해설 · 꿈꽃의 자재(自在) · 하웅백/103

I. 숫꿈

꿈꽃

내 만난 꽃 중 가장 작은 꽃
냉이꽃과 벼룩이자리꽃이 이웃에 피어
서로 자기가 작다고 속삭인다.
자세히 보면 얼굴들 생글생글
이빠진 꽃잎 하나 없이
하나같이 예쁘다.

동료들 자리 비운 주말 오후
직장 뒷산에 앉아 잠깐 조는 참
누군가 물었다. 너는 무슨 꽃?
잠결에 대답했다. 꿈꽃.
작디작아 외롭지 않을 때는 채 보지 않는
(내 이는 몰래 빠집니다)
바로 그대 발치에 핀 꿈꽃.

오어사(吾魚寺)에 가서 원효를 만나다

1

오어사에 가려면
포항에서 한참 놀아야 한다.
원효가 친구들과 천렵하며 즐기던 절에 곧장 가다니?
바보같이 녹슨 바다도 보고
화물선들이 자신의 내장을 꺼내는 동안
해물잡탕도 먹어야 한다.
잡탕집 골목 어귀 허름한 술집에 들어가
그곳 특산 정어리과(科) 생선 말린 과메기를
북북 찢어 고추장에 찍어 먹고
금복주로 입 안을 헹궈야 한다.
그에 앞서 잡탕집 이름만 갖고
포항 시내를 헤매야 한다.
앞서 한번 멈췄던 곳에 다시 차를 멈추고
물으면 또 다른 방향,
포기할 때쯤 요행 그 집 아는 택시 기사를 만난다.
포항역 근처의 골목 형편은
머리 깎았다 기르고 다음엔 깎지도 기르지도 않은
원효의 생애만큼이나 복잡하고 엉성하다.

2
　허나 헤맴 없는 인간의 길 어디 있는가?
　무엇이 밤 두시에 우리를 깨어 있게 했는가?
　무엇이 온밤 하나를 원고지 앞에서 허탕치게 했는가?
　석곡란에 늦은 물 주고,
　밤이 하얗게 새는 것을 보게 했는가?

3
　포항서 육십 리 길
　말끔히 포장되어 있다.
　하늘까지 포장되어 있다.
　너무 부드럽게 달려
　마음의 밑바닥이 오히려 벗겨진다.
　허나 마음 채 덜컹거리기 전에
　오른편에 운제산이 나타나고
　오어호(湖)를 끼고 돌아
　오어사로 다가간다.

4

가만!
호수 가득
거꾸로 박혀 있는 운제산 큰 뼹대.
정신놓고 바라본다.
아, 이런 절이!
누가 귓가에 속삭인다.
모든 걸 한번은 거꾸로 놓고 보아라,
뒤집어놓고 보아라.
오어사면 어떻고 어오사(魚吾寺)면 어떤가?
혹 절이 아니면?
머리 쳐들면 또 깊은 뼹대.

5

원효 쓰고 다녔다는
잔 실뿌리 섬세히 엮은 삿갓 모자의 잔해,
대웅전 한구석에서 만난다.
원효의 숟가락도 만난다.
푸른색 굳어서 검게 변한 놋 녹.

다시 물가로 나간다.
오늘따라 바람 한점 없이 고요한 호수에선
원효가 친구들과 함께 잡아 회를 쳤을 잉어가
두셋 헤엄쳐 다녔다.
한 놈은 내보란 듯 내 발치에서 고개를 들었다.
생명의 늠름함,
그리고 원효가 없는 것이 원효 절다웠다.

날강도, 야반에 짚을 몰고

날강도, 야반에 짚을 몰고
원효암에 올랐다.
헤드라이트는 물먹은 관목들과 짜고
차의 양 옆구리를 계속 치고
길은 끊어질 듯 절벽을 만들고
보이지도 안 보이지도 않는 공간을 내어주었다.
하현(下弦)달이 숨었다 말다 했다.
마지막 바위길을 뛰어올라 심호흡을 하고
라이트와 시동을 껐다.
오어사(吾魚寺)와 호수가 달빛 속에
서로 안고 잠들어 있었다,
업어가도 모르게.
그 둘을 몰래 안아올려
차에 실어?

설잠든 새들이 잠투정하는 소리.

허난설헌 생가

강릉시 초당동 허난설헌 생가에 가서
구겨진 잎 달고 매달린 능소화를 만난다.

찢어진 창호지.
큰 집이 비어 있고
시간도 비어 있다.
나비도 벌도 다 떠났다.
그대의 친구들
그대 동생 균(筠)의 친구들도 떠났다.
감 따다 만 사다리 하나
간신히 외발로 서 있을 뿐.
사람 허리 높이 향나무 하나
마당에 주저앉아 한없이 기어가고 있을 뿐.

최후의 시

오랜만에 남포오석 비(碑)에서
기어가던 금이
가장자리까지 가지 못하고 멎는다.
푸른색 유리 잔돌 박힌 곳에서
잠시 주저하다
방향 약간 바꿔
한 뼘쯤 더 기어가다……

언젠가 지금처럼 시를 쓰다 말련다.

김현 묻던 날
기억나지, 그날?──이성복에게

김현 묻고 돌아올 때, 그 장마 구름 잠시 꺼진 날,
우리는 과속을 했어, 60킬로 도로에서 100으로.
우리는 재빨리 도망치고 있었던 거야 추억에서.
단속하던 의경 기억나지?
의경치고도 너무 어려
우리의 복잡한 얼굴을 읽을 줄 몰랐어.
마침내 죽음의 면허를 따 영정이 되어
혼자 천천히 웃고 있는
웃고 있는 김현의 얼굴이 속절없이 아름다웠고
그 얼굴 너무 선명해서 우리는 과속을 했어.
경기도 양평의 산들이 패션 쇼를 하려다 말았고,
딱지를 뗐고,
그 딱지 뗀 힘으로
우리는 한 죽음을 벗어났던 거야.

친구의 무덤에서

헤어진 지 일 년 후
장마구름 틈새로
하루 개인 날

망초꽃 자욱이 핀
명도(明度) 높은 구름 위에서
너는 들키지 않고 살고 있구나.

김현의 본명은?

너는 세상 버리고 나서 더욱 까다로워졌구나.
내일 네 삼주기(週忌)를 맞기 위해
오늘밤 가장 깊이 숨겨두었던 술병을 따
알반 베르크 사중주단을 CD로 블러놓고
한잔 들게 하는구나.
이곳 사람들은 하나같이 삼 년 더 낡았다.
그곳엔 지금 새 망초 구름성(城)이 서고
물결나비들이 날겠지.
네가 웃고 있구나 소리없이.
참 거기도 「서편제」 있니?
광남아!

가을엔

가을엔 이별의 앞차를 타리.
길 뚫려 미리 터미널에 나가
시간 채 안 찬 차 타듯.
길 양편에서 손짓하는 억새들을 지나
그 뒤를 멋대로 색칠한 단풍들을 지나
낯익은 도시의 바뀐 모습에 한눈 팔다가
광장 한구석 조그맣고 환한 과일 좌판 위에
낙엽 한 장으로, 혈맥(血脈) 한 장으로,
내리듯
과일에 닿기 직전
바람을 놓치고 한번 맴돌며
왜 이곳에 왔나를 환히 잊듯
그렇게 살다 가리.

떠남의 한 모습.

늦가을 빗소리

물방울 하나하나가 꽃에 잎에 인간의 몸에
그리고 저희끼리 몸 부딪쳐 만드는 소리 아닌,
땅 위에 뒹굴며 내는 소리 아닌,
서로 간격 두고 말없이 내려와
그냥 땅 위에 떨어져 잦아드는 저 빗소리.
그 소리 마냥 어두워 동공(瞳孔)이 저절로 넓어
진다.
나무들의 뿌리들이 보인다,
서로 얽히지 못하고
외로이 박혀 있는 뿌리도.
내 잘못한 일, 약게 산 일의
엉켜진 뿌리들도 보인다.
멧비둘기 한 마리가 푸덕이고 날아간다.
마음 바닥에 잦아드는 저 빗소리.

시간이 졸아드는 소리.

초겨울밤

초겨울밤
창밖에는 바람이 잠들고 인적도 잠들고
건너편 등의 불빛도 잠들고
방범등만 눈 내리깔고 서 있다.
아 달이 떠 있다, 수명 다한 형광등 같은.
혹 제대로 잠들어 길 잘 고른다면
지난날 서울 교외에서 반갑게 만나 헤어지던 큰 달,
그 낯익은 얼굴,
(수유리도 좋았고 사당동도 좋았다.)
다시 만날 수 있을 것인가?
그게 안 된다면 언젠가처럼
여름밤 혼자 지방도를 달리다
모르는 새 차창에 걸려 있는 환한 얼굴에
화닥닥 놀라라도 볼 것인가?
매연에 묻혀 달마저 제대로 만날 수 없다면
이번 겨울엔 세상의 온갖 둥근 것들과 이별하고
비쩍 말라 덕대에 속 비우고 걸려 있는
대관령의 북어들이나 만날 것인가?

속없이 눈뜨고 마르는 자 또 하나 왔다!

꽝꽝 언 길 달리고 싶어

꽝꽝 언 길 달리고 싶어
불현듯 집을 나서
하루종일 겨울 옷 제대로 걸친 산 찾아다니다
속리산 법주사에 닿았다.
지난 장마에 패인 언덕이 기다리고 있을 뿐
난생 처음으로
쌍사자 석등이 나를 기다리고 있지 않았다.
석등 받치고 선 두 사자의 잘룩—섹시 허리
그냥 모르는 체 지나쳤다.
꿈결처럼.

이튿날 아침
여관 마당 가득 넘실대는
눈 진주(眞珠).

지방도에서

오르페우스와 윤선도(尹善道) 모두 악기 잘 탔지만
나에겐 여행이 악기이다.
지방도 달리는 소형차의 진동이 정답고
급커브에서 중앙선 넘어 달려오는 차를
미리 짐작하고 피하며 욕 한바탕 해대면
산조(散調)에 빠지듯이
마음이 마음에 젖는다.
오백 년은 넘어 뵈는 느티나무가 지나가고
오르페우스처럼
나는 휘딱 뒤돌아본다.
오토바이 하나가 눈앞에서 확대되려다 만다.

미시령 큰바람
―― 그날 미시령은 바람 그거
　이익섭 형에게

1

아 바람!
땅가죽 어디에 붙잡을 주름 하나
나무 하나 덩굴 하나 풀포기 하나
경전(經典)의 글귀 하나 없이
미시령에서 흔들렸다.

풍경 전체가 바람 속에
바람이 되어 흔들리고
설악산이 흔들리고
내 등뼈가 흔들리고
나는 나를 놓칠까봐
나를 품에 안고 마냥 허덕였다.

2

초연히 살려 할 적마다
바람에 휩쓸린다.
가차없이
아예 세상 밖으로 쫓겨나기도.

길동무 되어주는 건 홈집투성이의 가로수와
늘 그런 술집 간판뿐.
(내 들리는 술집은 옮겨다니며 줄어든다.
아예 간판을 뗀 곳도.)
점점 바람이 약해진다.

3

이젠 바람도 꿈속에서만 분다.
아니다, 꿈 바깥에서만 불다 간다.
나 몰래 술집 간판을 넘어트리고
가로수를 부러트리고
꿈의 생가(生家)를 무너트리고
바람은 꿈 없이 잠든다.

4

바람을 생각할 때마다
나는 작은 새 하나를 꿈꾼다.
바람이 품에 넣다 잊어버린 새
날다가 어느 순간 사라질
고개 들고 하늘을 올려다보면 벌써 보이지 않는

그런 얼굴 하나를.

그 얼굴은 녹슬지 않으리라
과연?

5

 스물세 해 동거(同居)한 철제 책상의 분위기가 한동안 이상해
 마음먹고 살펴보니
 모서리 손잡이 다리
 서랍 속 구석구석이 온통 녹.
 아 내 삶의 녹.
 사라지지 않는 것들은
 다 녹이 슨다.
 손수건을 꺼내 얼굴을 닦는다.

 새 책상 들고 온 용인들을 보내고 연구실 문을 나서다
 복도 벽에 밀어논 옛책상 앞에서 그만 발 헛디딘다.
 순간 숨 멈추고 간신히 두 손으로 모서리를 붙들고

복도 끝 문밖에 서 있는 나무들을
생전 처음 보듯 신기하게 본다.

나무들은 조용하다.
옛책상의 얼굴을 한번 조심히 쓰다듬어본다.
내 내장, 관절, 두뇌 피질 여기저기서
녹물이 흘러나온다.
녹물이 사방에 번진다.
옛책상의 얼굴을 한번 더 쓰다듬는다.
지구(地球)의 얼굴이 부드러워진다.
이상하다
바람이 일기 시작한다.
복도 끝의 나무들이 흔들리고
가로수와 간판이 흔들리고
강원도 나무들이 환하게 소리지르고
그 바람 점점 커져
드디어 내 상상력을 벗어난다.
아 이 천지(天地)에

미시령 큰바람.

오색(五色) 문답

지구가 손 내밀어 소매 넌짓 당길 때
어느 봄 저녁 설악산 오색쯤에서
민박하다 뜨고 싶다.
——「시인은 어렵게 살아야 3」

"오색의 꽃이 지면
어디 가 죽겠소?"
약수 바가지 건네며 이익섭 형이 물었다.
골짜기 물소리 뒤로
처음 듣는 새소리 몇 다발.
"육색(六色)을 찾아가지요."
"육색은 어디?"
"오색 꽃이 없는 곳."

이백(李白) 주제에 의한 일곱 개의 변주곡

때절은 시름 씻어내며
띠 풀고 계속 술을 마시리로다.
정다운 밤은 맑은 얘기를 낳고
환한 달은 잠자리에 들지 못하게 하네.
취기(醉氣) 올라 빈 산에 누우니
하늘과 땅이 곧 이불과 베개.

滌蕩千古愁 留連百壺飮
良霄宜淸談 晧月未能寢
醉來臥空山 天地卽衾枕　　　　　——「友人會宿」

1

소주와 안주감을 들고
친구 몇과 사자산(獅子山) 속으로 들어간다.
가을 깊어 능선에는 단풍이 다 지고
적멸보궁 가는 길 양옆에는 오히려 단풍뿐이다.
보궁 앞에서 종이 술잔을 돌리노니
찬 술이 새지 않고 밥통에 듦이 고마워라.

2
운명이여, 그대가 만약 존재한다면,
이수교와 총신대 역 사이에서
차를 몰고 있는 나를 잠시 잊어다오.
잊어다오, 내 나이와 주민등록번호를.
지나가는 여자를 보고 잠시 음심에 빠져
남해(南海) 해변 달리듯 차를 몰고 있는 나를 잊어다오.

3
책장 속에 묻어두었던 꼬냑 병을 오랜만에 캐어내
마개를 조심히 비튼다.
가을 깊은 밤 성냥갑 아파트 속에
마른 성냥개비, 마른 성냥개비 확 타버릴!
술에게 한껏 심호흡시킨 후 그의 거처를
따뜻한 인간의 배로 옮겨준다.

4
마신 약수(藥水)들이 때로 속에서 부른다.
약수를 담았던 산들이 부른다.

예컨대 오대산은 골짜기마다 절이 들어 있고
절마다 목마른 곳에 약수 고여 있었네.
얼음 사이로 따뜻한 물 떠 마시며 몸 떨었노니
몸 식을 때 따뜻한 무엇 몸 속에 고이지 않으랴.

5

이즈음 조금 마시고도 취하니
한수(漢水)가에서 큰 돈 없이 살 수 있겠구나.
전엔 술의 힘 빌어 잠을 이루더니
이젠 술이 내 몸 속을 빌어 먼저 잠든다.
봄 저녁 짧아 텔레비 졸게 내버려두고
혼자 신명나게 눈감고 앉아 있는 날 늘어라.

6

경기도 양평 용문사에는
간지럼 잘 타는 주목(朱木)이 살고 있고
경남 남해 용문사에는
입 셋 달린 삼혈포(三穴砲)가
밥통 셋 다 비우고 살고 있다.
그 절 아랫마을에선

땅속에 숨었던 다천(茶川) 석탑이 죽순처럼
막 땅 밖으로 나오고 있다.
세상 어디에고 영물(靈物) 살지 않는 곳 있으랴.
새벽빛 터지는 삼천포 어시장에선
숨죽이고 눈홀기는 이쁜 물고기들이
그대의 혼을 끌리.

7

구름 위로 달이 고개를 내밀다 얼굴 숨긴다.
달에게 하늘은 무엇일까, 별 듬성듬성 뜬 하늘?
미래의 달 인간 지구 빛에 잠 못 이룰 때 있을까?
잠 못 이루는 밤 있어 인간은 결국 인간으로 남지 않을까?
하현(下弦)달 멋대로 제 길 가게 내버려두고, 자 한잔,
그대와 나 붙박이 달들처럼 당당하게.

죽음 즐긴 라이프니츠

독일 하노버궁(宮) 다락방 습기찬 가을
남몰래 곡기(穀氣) 끊고 몇 달 동안
죽음을 즐긴 그대.
오늘 영문학개관 강의 준비로
영국 하노버 왕가 세보를 살펴보다
고등학교 때 미분으로 나를 괴롭히며
유럽 얼굴 만들다 간 그대를 생각한다.
허나 그대
좀도둑 시체처럼 거적 덮여 땅에 들어가며
지상에 흘리지 않았어 무덤 같은 걸.

세상에서 크고 작은 무덤 모두 지워버리면
지구 얼마나 깨끗해지랴?
(아 비구니 머리!)

삼봉 약수

1
강원도 홍천군 내면에서 만난 거울,
우리 마음 이리 맑은 적 있었는가?
차(車)가 맑은 거울 부시며 개울을 건너고
새들은 얼굴 찡그리며 나무에 붙어 있다.
삼봉 약수가 사람을 기다리고 있을까,
나무토막 박아 만든 계단 중간에서
왼손은 허리에 오른손은 펴서 이마에 대고?
어지럽혔던 개울 다시 거울이 되면
웃는 낮달 뜬 하늘에 새들만 표표히 날리.

2
세상이 고장난 시계처럼 움직이면
들어가 살리, 홍천군 내면.
내면에서도 계방천(桂芳川) 지류의 한적한 숲길.
허허로운 바람 소리: "절망도 때로는 도피(逃避)니라."
입구의 팻말만 바꾼다면
두어 겨울 나기 어렵지 않으리.
약수터 안내판 대신 "떠돌이 쉬는 곳.

찬 물에 계속 뜨거운 머리 식히지 못하면 그대로 죽는
 열목어가 마지막 와서 몸과 마음 묻는 곳."

매 미

저 매미 소리
어깨에 날개 해달기 위해 십여 년을 땅속에서 기어다닌
저 매미의 소리
어깨 서늘한.

나도 쉰몇 해를 땅바닥에서 기어다녔다.
매년 이삿짐 싸들고
전셋집을 돌아다니기도 했다.
꿈틀대며 울기도 고개 쳐들고 소리치기도 했다.
어두운 봄꽃도 환한 가을산도 있었다.
이제 간신히 알게 된 침묵,
쉰몇 해 만의 울음!

귀뚜라미

베란다 벤자민 화분 부근에서 며칠 저녁 울던 귀뚜라미가
어제는 뒤켠 다용도실에서 울었다,
다소 힘없이.
무엇이 그를 그곳으로 이사가게 했을까,
가을은 점차 쓸쓸히 깊어가는데?
기어서 거실을 통과했을까,
아니면 날아서?
아무도 없는 낮 시간에 그가 열린 베란다 문턱을 넘어
천천히 걸어 거실을 건넜으리라 상상해본다.
우선 텔레비 앞에서 망설였을 것이다.
저녁마다 집 안에 사는 생물과 가구의 얼굴에
한참씩 이상한 빛 던지던 기계.
한번 날아올라 예민한 촉각으로
매끄러운 브라운관 표면을 만져보려 했을 것이다.
아 눈이 어두워졌다!
손 헛짚고 떨어지듯 착륙하여
깔개 위에서 귀뚜라미잠을 한숨 잤을 것이다.
그리곤 어슬렁어슬렁 걸어 부엌에 들어가

바닥에 흘린 찻물 마른 자리 훑아보고
뒤돌아보며 고개 두어 번 끄덕이고
문턱을 넘어
다용도실로 들어섰을 것이다.
아파트의 가장 외진 공간으로……

……오늘은 그의 소리가 없다.

바위옷 바람
—— 李太洙에게

쉰다섯 해 뼈 감추고 다닌 살
오늘은 제법 제대로 여며진다.
어젯밤 오랜만에 질탕히 마신 술 탓이리.
마침 큰 눈 멎고 해 있는 날
그대 이끄는 영일군 죽장면 골짜기를 찾아 올라가,
선바위〔立巖〕 옆에 바위 그림처럼 붙어 있는
바위옷 껴입고 있는 나무 정자에 기어 올라가,
과매기 안주로 소주를 마시며
시간이 앞질러 가다 길 잃고 헤매기를 기다린다.

하늘엔 시간이 신호로 띄운 듯 몇 포기 구름
잔 속의 소주가 미치게 맑아지는
땅 위엔 온통 바위옷 바람.

도가니가 마르기 시작할 때

도가니가 마르기 시작하는지
왼쪽 무릎 시큰거려
시멘트 길을 버리고
흙길로 돌아갔어.
아 맨흙의 쿠션!
달맞이꽃이 한창,
한 놈은 벌써 시들고 있었어.
이리저리 만져보아도
어디 시큰거리는 기색이 없어,
뒤집어보니
이런, 씨집이…

도가니가 마르기 시작하는지
흙 위에 마음 간단히 벗어놓고.

밤새워 글쓰기

1

방학 핑계삼아 밤새워 쓴 글들
새벽에 모두 헐겁게 흩어진다.
먼동은 훤히 터오는데
창을 열면
엷은 안개 속에
며칠 전 눈 여전히 쓰고 있는 앞산,
작년 겨울 같은 저 겨울.
혀로 입 안을 핥아본다.
가죽과 가죽이 만난다.
인간의 혀가 무두질당한 밤이여,
가죽과 가죽이 만난다.

2

간밤 글 속에서
모든 '나'를 '그'로 바꿔본다.
조그만 가방 어깨에 걸치고
그가 시외버스에서 내린다.
사자산 법흥사.
단풍든 산 능선에는

나뭇잎 갓 벗어논 나무들이
황홀한 레이스(lace)로 붙어 있다.
좌우 능선도 황홀,
뒷능선도!
새로 짓는 법당을 버리고 산길에 들어선다.
붉은색 갈색 노란색 낙엽이 알맞게 깔려
삼색(三色)길을 만들고 있다.
옛 본당 거쳐 오른쪽으로 난 길로 접어들며
약수를 마시고
적멸보궁에 오른다.
규모 조금 작을 뿐
오대산 보궁과 꼭같은
사람 몸의 불두덩 모습이 자태를 나타낸다.
주위를 한번 돌고
역시 불상(佛像)이 없는 보궁 안을 들여다본다.
가방과 함께 그가 문득 사라진다.
밤새 쓴 글이 모두 메아리로 바뀐다.
메아리,
나는 '그'의 마음의 메아리!

3

꼭같은 공간을
장욱진 화백이 시외버스에서 내렸다,
가방도 없이.
선생은 주머니에서 바리캉을 꺼내
우선 능선의 레이스를 밀고
(저 비구니들의 머리!)
단풍색을 뭉개어 빛나는 회색을 꺼내 길을 깔고
주춧돌 세 개 위에 선(線)으로 집 한 채 짓고
그 위 빈 하늘에
까치 한 마리 날렸다.
집 옆에는 선(線) 주춧돌로 쓰려다 만
철선을 조심히 구부려 만든 사람 한 점.
아 '그'!
그가 슬며시 '내'가 된다.

4

커피가 달고
아스피린 두 알도 달다.
세면대에 뱉아놓는다.

아 나는 결국 풍경 중독자인가?
저 산의 눈 작년 눈이면 어떠리,
내년 눈이면?
사자산이 추억 속에서 머리 깎이면 어떠리.
시간(時間)이 이발당한들!
아니, 내 글이 '그'의 글이 되면 어떠리.
글보다도, 가죽처럼 무두질당한 혀와 입이 서로 비비며
더 확실히 삶의 감각을 되살리지 않는가!

집 안이 깨어 웅성대기 시작한다.

떠돌이별

　천문학자들은 항성을 행성보다 더 큰 일로 다루지만
　나는 떠돌이별, 저 차돌 같은 싱싱한 지구 냄새,
　에 끌려 늦봄의 김포와 강화를 떠돌았습니다.
　길에는 붓꽃이 필통처럼 모여 피어들 있고
　산 밑에는 수국(水菊)이 휘어지게 달려
　벙긋이 웃고 있었습니다.
　다가가도 웃음을 그치지 못하더군요.
　밤중에 마니산 중턱에 올라
　모든 별이 폭발하듯 떠도는 것을 보았습니다.
　떠돌이별 하나가 광채도 없이
　마니산 중턱에서 숨쉬고 있었습니다.

지구 껍질에서

오랜만에 시골서 묵는 밤
잠이 오지 않아 창문을 연다.
저수지 가득 피어오르는 밤안개 속에 새 우는 소리.
그 소리 귀에 익지만 이름 잊었다.
소쩍샌가, 자규샌가, 아니면 안개 속에 길 잃은
외로운 가수(歌手)인가?

나도 자주 길을 잃었다.
때로는 사는 동네에서 길 잃고 헤맸다.

마음 구석구석 더듬어도
얼굴과 이름 떠오르지 않는다.
죽지 않고 지구 껍질에서 헤매다보면
다시 만날 날 있으리.
혹시 서로 못 알아보더라도
미소 머금고 지나가리.

마왕(魔王)

1
마음속 악마가 속삭인다.
뒤돌아보지 마라.
뒤를 보이지 마라.
시간 됐다, 출석부와 책을 끼고 곧장 강의실로.

서가에 다가가 다른 책을 뽑는다.
『환상의 드라이브 코스』.

내가 만난 꽃들의 입술엔
모두 진이 묻어 있었고
내 혀 양옆 침샘 속에도 진 흐르고 있었네.
그 꽃 향기 달았지, 악마 몰래
핥던 핥던 꽃들의 속들.

2
악마가 속삭인다.
싸구려 술 마시지 마라,
진로 보해 금복주 경월 손대지 마라.

어제는 가짜 시바스 리갈 마시고
진짜 때보다 더 화끈한 경지에 들어갔었네.
동서남북이 구별 안 돼
지하철 3호선을 거꾸로 타고
밤중에 구파발로 달려갔었네.
북한산 뒷모습이 안개 속에 잘 브이지 않아
봄밤 속을 우주 속 헤매듯이 헤집고 다녔네.

3

여의도 FM 방송국엔 지금 장대비 쏟아진다고?
연구실 밖은 그냥 흐린 하늘.

FM 끄고 마음잡아도
악마가 오지 않네.
전화번호마저 잊었는가,
기다려도 소식이 없어.
옳거니, 그 몰래 산에 들어가
작디작은 허나 기차게 아기자기한
(침 고인다)
냉이꽃 벼룩이자리꽃들과 만나 놀다 올까.

산자락에 채 들어서기 전
퍼뜩 누군가 나를 부른다.
아 내 악마!
순간 내가 강의실에서 어른대……

내 젊은 날에 대한 회상기를 읽고
―― 마종기에게

네 회상기는 고비고비
사실에서 벗어날 때마다
나를 멋있고 신나는 자로 묘사하더구나.
오늘은 네 생각 않기 위해
지방도를 달리다 말고
지도에 없는
설고 험한 새 길로 차를 몰 테다.

*

너 좋아하던 장욱진 선생이 세상을 버렸다.
세상이 한 순간
장욱진 선생이 되려다 말았다.
장선생의 「집과 까치」 사진을 오려
살기 심드렁할 때 들여다본다.
여름이다.

*

오대산 옆구리에 바싹 차의 이마를 댔다.

약수터 윗언덕은 한 뼘 넘는 솔잎 카펫.
그 위로 날으는 거미처럼 나는
가벼이 날았다 날았다.
누군가 날았다.

내 시(詩)벗 오규원은

내 시벗 오규원은
허파꽈리 절반이 일 않고 노는 병 지니고 조용히 살고
허파꽈리 전부가 멋대로 말듣는 병 지닌 나는
입 위장 항문을 혹사하며 조용찮게 산다.
외롭지도 않은데 술 퍼마시며
그들을 멀리한다.
그때마다 그들은 반란을 일으키그
반란이 끝나면
묵묵히 다시 일들을 한다.
남은 허파꽈리 제대로 혹사하라 이르려다
그의 안경 문득 빛나…

규원아,
배꼽에 감각이 있는 한 산다.

한발 앞서간 황인철을 위한 짧은 세속(世俗) 미사
—— 黃仁喆(1940~1993. 1. 20)
　생명의 변호사 그리고 동행자

너 세상 떴다는 전화를

너 세상 떴다는 전화를 귀에서 쏟았다.
춘란이 시들고 있다.

벽에는 가볍게 마른 자줏빛 장미가
종이처럼 마른 안개꽃에 싸여
고개와 두 팔 늘어뜨리고
허리 졸린 채
매달려 있다.
아무렇지도 않게 매달려 있다.

마시다 찻잔에 남겨둔 냉수가 마른다.
시간이, 그지, 시간이 마른다.

머리 쳐든 저 하늘 속에

머리 쳐든 저 하늘 속에 오늘은

웬 구름장이 저리 많은지.

이 세상 하늘엔 구름도 많지만
너는 땅 위에 비 모두 내려주고
한껏 비워진 구름.

겨울 언덕에서 만난
몇 그루 잎 없는 나무
발톱을 땅속에 박고 서 있다.
빈 들 건너 몇 채의 낮은 산
색채 죽인 지평선
위에 형체 막 풀어버린 구름 한 조각.

미소 알맞게 짓고 있는 해골

미소 알맞게 짓고 있는 해골 하나 만들기 위해
쉰다섯 여름과 겨울
그 헐렁한 길을
맨머리에 눈비 맞으며 헤매다녔노니
이마를 땅바닥에 찧기도 했노니.

공사장에 나가
거칠은 낱말들을 체질해 거르다
찢어진 체가 되기도 했노니,
정신 온통 너덜너덜.

그 해골 돌로 두드리면
돌 소리 내고
나무로 두드리면
나무 소리 내는구나.

미소 알맞게 짓고 있는 해골 하나 만들기 위해.

SOS

1
성냥갑 아파트 슬몃 열고
성냥개비 하나 나가신다.
엘리베이터 단추 누르고
성냥개비 하나 나가신다.
쉿, 성냥갑 밖
나무들 사람 표정 살피며 조심히 사는 곳으로
성냥개비 하나 나가신다.
나무 하나가 허리를 펴려다 만다.
시효 지나 확 붙지도 않을 화약 머리에 담고
비싯비싯
마른 성냥개비 하나 나가신다.

2
몇 년째 한강이 얼지 않는다.
겨울이 와도 이 동네 집들은 마르지 않는다.
아 겨울이 사라졌구나.
겨울 없는 봄을 기다리다니!
겨울 사라지기 전 동네로 가고 싶다.
봄이 새벽에 몰래 강줄기 타고 올라와

머리맡에 누워 있는 강의 얼음을 가르는
쨍 소리 속으로 가고 싶다.
쨍 소리 속으로 보내다오.
얼음이 시간 속에 살아 있는
그 새벽으로 보내다오.
아 또
쨍!

시멘트 나라의 꽃

설사에 시달렸다.
아침밥을 굶었다.
아파트 정문에서 브레이크를 밟고
다른 차들 몇몇에 길을 양보한다.
오랜만에 좀 돌아가는 길로 들어선 골목길
어제 내린 비에 가슴 온통 얼룩 번진
시멘트 담장들 위에 처음 보는 얼굴들.
이 집은 보기 힘든 능금꽃,
이 집은 산에서 갓 이사온 산사나무꽃,
그 다음 다음 집은 신록 속의 백작약 봉오리,
그 다음은 노란 새 하나 들어 있던 새장,
오늘은 비었구나, 아 문이 열려 있다!
자연(自然)도 한번쯤은 침 꿀꺽 삼킬
저 시멘트 담장 위의 속옷 연 햇빛.
뒤차가 몇 번 경적을 울린다.
나는 위험 신호등을 깜빡거린다.
"잠깐만 참으시압.
자연의 가슴에서
목하(目下) 수유중!"

지난밤 꿈에

지난밤 꿈에 신음하는 지구를 만났다.
산성(酸性)비 그쳐
꿈속 동구 앞길들 훤하고
열이 높은가, 살구꽃 피다 말고
만나는 강마다 포장 벗겨진 청계천.
새 귓것〔新鬼〕차(車)들 휙휙 지나가고
뉘 쫓아오지 않아도 마구 숨이 찼다.
꿈 한쪽에서는 베란다의 어깨 구부정한
낯선 팔손이 나무 하나가
조막손을 막 펴고
(막 펴고) 있었다.

아파트 나라의 민들레

지난 겨울엔 베란다의 푸른 자(者)들을
안에 들이지 않고
거실문을 열어놓고 살렸다.
추운 날은 문을 끝까지 열었다.
더 추운 날엔 자다가 깨어 몸을 떨며
커튼까지 제쳐놓았다.

양란 둘 죽이고
봄이 왔다.

민들레가 피었다 진다.
하루아침
벤자민 나무 화분에
탁구공만한 지구의(地球儀)들!
호 부니 감쪽같이들 사라진다.
사방 둘러본다.
이왕 떠나야 한다면
'감쪽같이'
아파트 베란다에 봄 난폭할 제.

몰운대는 왜 정선에 있었는가?
—— 지구(地球)여, 그래도 하늘만은!

1
김명인 시인과의 사전 계획은
계획을 벗어나는 일,
지도(地圖) 벗어나 새로 지도 그리는 일.
그의 차 바퀴의 궤적에 몸을 맡기고.
자 떠나자, 동해 바다로!
조반 설친 김시인이 맨손체조하듯 차를 몬다,
한국시의 장래를 걱정하며
(모든 장래여 엿먹어라!)
알짜 강원도의 초입 진부까지.

2
새로 닦은 길로 무작정 들어선다.
오대산 물과 평창 언덕들의 대비
언덕과 하늘의 대비.
하늘은 갈수록 녹음빛.
창 열고 산림욕하며 차를 몬다.
누군가 이곳에 댐을 만들려 들지나 않을까?
몇십 길 나무의 정기(精氣)를 누가 물로 바꿔?
나무 체취에 취해

삼척으로 질러가는 길을 잊어버리고
산골로 정선으로 녹음의 현장으로 차를 몬다.

3

 이젠 어떤 선(線) 어떤 면(面) 어떤 색(色)이 인간의 마음을 구해주리라 믿지 않는다. 어떤 믿음이 믿음을 구해주리라고도 믿지 않는다. 그러나 봄꽃 다 지고 가을꽃떼 채 출몰하기 전 이 산천의 녹음, 저 무선(無線) 무형(無形) 무성(無聲)의 색은 어느 품보다도 더 두터운 품, 어느 멈춘 시간보다도 더 흐트러지지 않은 시간. 감자전을 맛보기 위해 잠시 세운 차 앞에 물결나비 한 마리가 날아와 망설이고 있다. 봄 쪽으로 갈까, 가을 쪽으로 갈까? 저 조그만 노랑 들꽃 위에 그냥 머물러 있거라, 이 마음 뒤집히는 녹음 속에.

4

 지난 몇 년간 정선은 내 숨겨논 꿈, 너무 달아 내쉬다 도로 들이켠 한 모금 공기, 쓰다 못 쓴 뜨거운 시, 애인, 포장 안 된 순살결의 길. 어떤 길은 내

차의 머플러를 너무 애무해 병들게도 했다. 그러나 이제 모든 길이 포장되었다. 비행기재도 뚫리고 강릉길도 터지고 진부에서도 직행 길이 났다. 길가에 널리는 라면 봉지들, 깨어진 소주병들. 남아 있는 위험 표지판만이 희미한 옛사랑의 흔적일 뿐 마음 온통 빨아들이던 산들도 오늘은 정신놓고 웅크리고 있다. 그러나 그 위로 아직, 그렇지 아직, 녹음 켜고 있는 하늘, 녹음의 혼(魂).

5

몰운대에선 지난번 인사만 하고 헤어진
벼락맞아 오히려 자연스레 자란 소나무가
우리를 맞아준다.
바위옷 찢겨진 바위들이 늘었을 뿐
주중(週中) 오후의 적막.
벼랑 밑에선, 저런, 하얀 오리들이 놀고 있구나.
오리들을 어루만지는 저건 뭐지?
아 하늘 녹음.
오리들이 하늘에서 헤엄쳐 다닌다.
땅에서 흙덩이처럼 녹음 한 덩이가 하늘로 떨어

진다.
　퐁당!
　하늘이 되받아 짓푸르러진다.
　하늘과 땅의 흥겨운 장단(長短)!
　눈 한번 질끈 감는다.
　김명인 시인이 갑자기 웃고
　벼락맞은 나무가 간신히,
　그렇다 흐르는 시간이 슬쩍 흐름 늦추어,
　내 몸을 막아준다.

II. 더 티린 사랑 노래

더 비린 사랑 노래 1

봄꽃 난폭하게 색칠하다 말고 막 떠난 언덕 밑
국민학교 친구의 집.
쟁반에 딸기 들고 오는 친구의 막내딸
허리 얼굴 훤칠하고 한 쪽이 조막손이다.

그 얼굴 아래
진한 그늘 가득 넘실대는
수국(水菊).

더 비린 사랑 노래 2

오늘은 안개비가 내리다 말고
다시 공중으로 올라갔습니다.
먼지 너무 많아 땅을 채 적시고 싶지 않았을까요.
많은 사람 속에서 안 보이는 사람이 되어
거리를 걸을 때 그중 편안합니다.
두리번대며 상점 속을 살피기도 합니다.
얼마 안 가 안개비도 나를 피하겠지요.
그때 나는 내 몸 적실 비를 찾아
계속 사람 속을 헤매겠습니다.

더 비린 사랑 노래 3

그대를 노래에 등장시키지 않으려고
여러 세상을 돌아다녔습니다.
동해에도 가고 남해에도 갔습니다.
해남군 토말에도 갔습니다.
한번은 트럭을 피하려다 차를 탄 채 바로
논 속으로 들어갔습니다.
안경이 벗겨져 차 속에 뒹굴었고
벨트 맨 어깨가 얼얼했을 뿐
정말 아무 일도 없었습니다.
엔진을 막 죽인 상처난 차를
다른 사람들과 함께 서서 구경했습니다.

더 비린 사랑 노래 4

매년 한 번씩 남해안에 들러도
한번도 활짝 동백을 보지 못했습니다.
마음먹고 늦게 간 1991년 2월 끝머리도
깜짝 추위에
통영군 산양면 일주 도로에 피었던 동백이 모두
얼어 떨어졌습니다.
어디 동백뿐이겠어요?
히터 고장난 차를 몰고
나도 어디론가 떨어져내리고 있었습니다.

더 비린 사랑 노래 5

늦겨울 거제도를 혼자 한바퀴 돌면
삶의 한 고비가 끝납니다.
가는 곳마다 어항들이 속을 감추고
터진 하늘과 섬들 사이에 갇힌 호수 같은 바다가
번갈아 방풍림도 감추고
복잡한 조선소도 감춥니다.
도로 공사 인부들과 소주 한잔 나눴습니다.
잡어(雜魚) 회가 일품이더군요.
거제대교를 되건널 때 들었습니다
나타났다 숨고 또 나타났다 숨는 바다를
철필로 긁어
지구의(地球儀)에 새겨넣는 소리를.

더 비린 사랑 노래 6

비실비실 봄이 왔습니다.
거실의 화초들이 베란다로 나갔습니다.
옆집 화초들도 서둘러 나왔더군요.
때이른 꿀벌 하나가
하늘도 땅도 아닌 팔층으로 찾아왔다가
뒤돌아보지 않고 되날아갔습니다.
화초들은 차가운 분 속에 발목들을 묻고
계속 떨더군요.
그들도 씨 시절을 그리워할까요,
껍질 속에서 마음 따로 없던 때를?
내 머리와 가슴을 흔들어보니
무언가 말라붙어 있었습니다.

더욱더 비린 사랑 노래 1

한때는 얼음낀 강물 속까지 들어가
무거운 돌들의 얼굴들을 파 모았지만
이즈음은 소리없이 다니면서
새가 남기고 간 깃털을 모읍니다.
낯익은 까치의 목도리감도 주웠고
이름 모를 새의 노란색 소매 한 깁도 챙겼습니다.
(날고 싶었을까요?)
솔개에게 먹힌 참새나 멧새의 깃도 모았습니다.
깃에 말라붙은 피, 그 형체는
깊은 침묵이었습니다.
수화(手話)로도 말을 걸 수가 없었습니다.

더욱더 비린 사랑 노래 2

도사(道士)들은 대개 실눈 뜨고 있기를 좋아했습니다.
비운 마음을 남에게 보여주고 싶지 않았겠지요.
비운 마음의 고요,
추위에 되쫓겨 들어온 화분들마저
고요합니다.
얼룩나비 하나가 날아와
고요함 속에 채 들어오려다 말고
생각이 채 되려다 말고
그냥 다시 나비가 되어 날아갔습니다.

더욱더 비린 사랑 노래 3

십년 별러 선암사 매화를 만나러
새벽길을 나섰습니다.
일부러 담양에 들러 죽제품 박물관도 둘러보고
담양읍 내리(內里)에 서 있는 돌 당간과 오층석탑도
천천히 보며 마음을 씻고
가만가만 절 매표소에 닿았습니다.
절길을 오르며 연신 코로 숨을 들이켰지만
고요 속에 매화 냄새의 흔적만 묻어 있었습니다.
지난 강추위에 꽃봉오리가 열의 아홉까지 얼어
가지마다 몇 점씩만 꽃이 붙어 있더군요.
(십년 가지고 되겠어요?)
나비도 벌도 새도 봄도, 십년도,
보이지 않았습니다.

더욱더 비린 사랑 노래 4

이젠 『춘향전』도 시들고
『로미오와 줄리엣』도 사그라들었습니다.
이몽룡이 강남에서 차를 몰고 있고
성춘향이 종로에서 늙어갑니다.
로미오는 로마 교외에서 펜싱 도장 관장이 되고
줄리엣은 로마 중심 스페인 계단 근처에서
부틱을 열고 있습니다.
조금 비쌌지만 타이 하나를 골랐습니다.
그들 모두 아무도 이제는
소설이나 극 속에 들어가려 하지 않습니다.
고통스런 애인 역보다는
역시 그냥 사는 게 좋겠지요.

정말 좋을까요?
종이 백에 타이를 넣고 나오다 갑자기 되돌아서
며,
윗옷 주머니에 손가락을 넣어
권총처럼 비죽이 내밀고 마음속으로
손 들어!

더욱더 비린 사랑 노래 5

빛의 속도로 달리다
달리는 방향으로 빛의 속도로 튕겨나가도
빛의 두 배 속도는커녕 앞선 빛을 뒤따를 수밖에 없는
우주 속에 갇혀 살고 있습니다.
밖으로 나갈래야 나갈 수가 없습니다.
한참 떨어져 따라오는 내 모습이 보입니다.
(뒤를 보세요,
나의 살과 뼈 사라지고
대신 싱싱한 풀과 흙이 서로 얽고 얽힌 지붕 같은.)
그러나 지금은 앞서가는 그대 내내 한 모퉁이 앞서가고
앞이 캄캄할 뿐,
무작정 걸어 낯선 도시의 기차역에 도착했습니다.
캄캄할 뿐,
광장 앞의 가로등 두 개와
역 시계에 불이 켜 있었습니다.
열두시 정각,
아 아직 시간이!

더욱더 비린 사랑 노래 6

그대 고속도로보다 먼 곳
소록도보다, 제주도보다 먼 곳으로 자리 뜬 후
하늘이 그대 뒤에서 한번 뒤집힌 후
모두가 가벼워졌습니다.
줄에 끌려가는 개들도 가벼워지고
도시에 가득 박힌 콘크리트 덩어리들도
덩달아서 가벼워졌습니다.

(마음속에는 마음밖에 없음.)

가을꽃에는 가을밖에 없음.
하늘에는 하늘밖에
고소공포증엔 높은 곳밖에 없음.
15층 아파트 옥상에서 내려다보는 주차장
주위를 듬성듬성 수놓은
과꽃 무리.

시간 속에는 (저런!) 시간밖에 없음.

Ⅱ. 풍장(風葬)

풍장(風葬) 35

친구 사진 앞에서 두 번 절을 한다.
친구 사진이 웃는다,
달라진 게 없다고.
몸 속 원자들 자리 좀 바꿨을 뿐,
영안실 밖에 내리는 빗소리도
옆방에서 술 마시고 화투치는 조객들의 소리도
화장실 가기 위해 슬리퍼 끄는 소리까지도
다 그대로 있다고.

풍장 36

내 마지막 기쁨은
시(詩)의 액셀러레이터 밟고 또 밟아
시계(視界) 좁아질 만큼 내리밟아
한 무리 환한 참단풍에 눈이 열려
벨트 맨 채 한계령 절벽 너머로
환한 다이빙.
몸과 허공 0밀리 간격 만남.

아 내 눈!

속에서 타는
단풍.

풍장 37

땅속에 발목뼈 채 묻히지 못해
한없이 떠도는 원혼(寃魂)이 된들 어떠리.
원혼 가운데서도
새처럼 가벼운 원혼,
슬피 울지도 못하고
잠투정하듯
초저녁에 잠시 우는,
울다 문득 고막 속으로 사라져버리는.

풍장 38

아침에 커피 끓여 마실 때
내 입은 위(胃)와 통화한다,
"지금 커피 한잔 발송한다."
조금 있다가 위는 창자와 통화할 것이다.
"점막질에 약간 유해한 액체 바로 통과했음."
저녁쯤 항문은 입에게 팩시를 보낼 것이다.
"숙주(宿主)에 불면증 있음."

풍장 39

복수(複數) 여행, 항구 끝의 여관들,
저 불면의 밤들,
아무리 취해도
코고는 일행을 끝 점검하고 비로소 자리에 눕던
저 불면의 밤들,
불면의 끝, 혼자 창 열고 가로등과 함께 훔쳐본
파도에 몸 던지기 직전 눈발 흔쾌히 춤추던 바다!

그러나 이제는 여행 꾸러미 속에서도
가볍게 누워 잠든다,
고추잠자리 마른 풀잎에 내려 줄 듯.
마지막 술잔에 내장(內臟)을 하나씩 맡기고
누군가 옆에서 인생과 문학을 갖고 놀면
귀 열어논 채 잠든다.

풍장 40

선암사 매화 처음 만나 수인사 나누고
그 향기 가슴으로 마시고
피부로 마시고
내장(內臟)으로 마시고
꿀에 취한 벌처럼 흐늘흐늘대다
진짜 꿀벌들을 만났다.

벌들이 별안간 공중에 떠서
배들을 내밀고 웃었다.
벌들의 배들이 하나씩 뒤집히며
매화의 내장으로 피어……

나는 매화의 내장 밖에 있는가,
선암사가 온통 매화,
안에 있는가?

풍장 41

꽃 하도 이뻐 남작화(藍雀花)!
노랑 혹은 파랑 나비 모양 꽃 속으로
나비의 입을 지나 식도 속으로
회전문 속에 숨어들 듯
슬쩍 빨려들어가면
꿀방울이 보이고
그 방울 점점 커지다
터진다.

봄이 온통 달다.

풍장 42

부어주고 왔다 마음 태반을,
무주 구천동 백련사
비비추에.

줄기마다 십여 개씩
불 막 끈 보랏빛 초롱들을 달고
바람처럼 모여 있는 비비추,
초롱 하나하나엔 어린 초승달,
하얀 손잡이 하나씩.

비비추, 날 마셔라.
나는 널 마실 수가 없다.
길섶에 끌려가 너를 향해 폭발할 뿐,
엄동설한 수도관 터지듯.
뿜어나오는 나를
마셔라, 비비추.

내 다시는 나를 담을 수 없는
관(管)이 되어 돌아왔다,
너글너글하게.

풍장 43

이제 음악은 다 들었다.
베토벤의 현악 4중주는 너무 들었고
가야금은 산조(散調)에 빠져
물 너무 뿌려
석곡란을 죽였다.
어젯밤에는 브람스의 클라리넷 5중주를
켜논 채 잠들었다.
이제 동서양 소리 모두 잊고
풍란(風蘭) 방을 하나 얻어 살다 가고 싶다.
전축도 전화도 전문(傳聞)도 없이.

마음놓고 놀다 가는 바람 소리.

풍장 44

바람 소리.

저 마을 뒤에 엉거주춤 서 있는 산,
낯익어 고향 같다.
개울 간신히 건너는 돌다리
낯익어 돌다리 같다.
눈 반쯤 감고 보면 모두 낯익다.
바람 소리에 흔들릴까말까 주저하는
저 나무의 몸짓도.
언젠가 하루 구름 갠 날
눈 한번 아주 감으면
모든 게 낯익어지지 않을까.

몸서리치게
낯익은 사람 소리.

풍장 45

며칠 병(病) 없이 앓았다.
책장문들이 모두 열렸고
책들은 길떠날 채비하고 줄 서 있었다.
더러 외투 껴입고 있는 놈도 있었다.

문밖을 나서니 시야의 초점 계속 녹이는 가을 햇빛.
간판들이 선명해라
지나치는 사람들도 선명해라
책을 들고 걷는 저 여자의 긴 손.
차도(車道)에 바싹 나와 아슬아슬
저 흙덩이의 어깨까지 선명해라,
그 어깨를 쓰다듬는 시간의 손가락도.
눈이 밝아졌구나,

──이 시체를 끌고 가라.

풍장 46

내 관악산 북녘에 살며
때로는 산이 안개 속에 숨는 것을 보았다.
이슬비가 안개를 벗기기도
안개가 이슬비를 다시 감싸기도 했다.
다람쥐 몇 마리 뛰어다니기도.
눈앞에서 금방 사라질 것들!
내놓고 가라면
관악산부터 내어놓으리.
다녀온 암자도 암자의 약수 그릇도 내어놓고,
 늦가을 저녁 어둡기 직전 익숙한 솜씨로 땅을 더듬던 가랑비도.

풍장 47

1992년 늦가을 저녁
이제 아무도 지는 해를 보지 않는다.
베란다 아래는 사당동 모(某) 아파트 주차장
아무도 귀기울이지 않는 바람 소리.

베란다에 시퍼렇게 살아 있는 벤자민 나무.
다들 시들할 때 잘도 버티는구나.
속내의 바람으로 슬쩍 안아본다.
인간의 체온을 재확인할 뿐.
사당동 모 아파트 주차장의
아무도 귀기울이지 않는 바람 소리.

베란다 공간에 꾸부정한 한 획(劃) 인간
꺾었다 폈다 꺾었다 폈다.

풍장 48

바람의 손길 한결 서늘해지고
날이 저문다.
마른 풀잎에 포근히 싸여
혼자 잠들고 싶을 때.
피여 잠들지 마라,
피여 잠들지 마라.
정상 코빼기까지 차로 오를 수 있는
해발 561미터 칠갑산에만 가도
별은 하늘 가득
별은 하늘 가득
하늘과 마음이 만나는 곳이면
지평선 넘어서까지
하늘에 마음 뺏겨 붙박이된 불꽃처럼
주렁주렁 주렁주렁 달려 번쩍인다.
피여 잠들지 마라.

풍장 49

늦가을 저녁 아우라지강을 혼자 만나노니
나의 유해(遺骸) 예가지 끌고 와 부릴 만하이.
앞산 한가운덴 잎갈이나무들 위통 벗고 모여
마지막 햇빛 쪼이고 있고,
주위로 침엽수들 침착히 서서
두 강이 약속 없이 만나는 것을 내려다보고 있다.
껄끄러운 두 강 만나
고요한 강 하나 이룬다.
빈 배 하나 흔들리며 떠 있다.
시간이 고이지 않는다.

유해 끌고 오다 고단하면
어느 잿마루에 슬쩍 버려도……
강 만나러 가다
끝내 못 만난 강처럼.

풍장 50

오늘 서가의 지도(地圖)를 모두 버렸다.
바닷가를 방황하다가
우연히 눈부신 눈을 맞으리.
건너편 섬이 은색 익명(匿名)으로 바뀌다가
내리는 눈발 사이로 넌지시 사라지는 것을 보리.
사라진 섬을 두고,
마음에 박혔던 섬도 몇 뽑고
마음에 들던 섬부터 뽑고
섬처럼 박혀 있던 시간들도 모두 뽑아버리고
돌아오리.

오늘 지도를 모두 버렸다.

풍장 51

수인선 협궤차를 내려 걷는다.
하늘에서 문득 기러기 소리 그치고
산 뒤에 숨는 수척한 산
채 사라지려다 만다, 저 숱 적은 머리끝.
철길이 동네 마당을 막 지나가고 있다.
아무 일도 없다
동네 토종닭들이 겨울 땅을 할퀴고 있을 뿐.
팔목시계 하나가 발톱에 걸려 나오려다 만다.
뽑아본다. 침이 가고 있군.

시간 뒤에 숨어 있는 시간?

풍장 52

싸락눈 내리는 늦겨울 저녁
꽃도 병(病)도 없어
기계적으로 물 주며 잊고 살던 소심(素心)과
최근 들어서는 늘 곁에 놓아두고 두리번 찾던 시간을
(내 안경 어디 있지?)
다시 만나리.
한번 만나고 나면 세상의 온갖 선(線)들이 시들해지는
부석사 무량수전 가벼이 살짝 쳐든 처마의 선을
받침기둥 하나와 수인사하고
서로 자리 슬쩍 바꿔
두 팔로 받치고 서 있으리.
싸락눈 맞으며.

다음엔 마음놓고 금가리.

〈해 설〉

꿈꽃의 자재(自在)

하 응 백

내 만난 꽃 중 가장 작은 꽃
냉이꽃과 벼룩이자리꽃이 이웃에 피어
서로 자기가 작다고 속삭인다.
자세히 보면 얼굴들 생글생글
이빠진 꽃잎 하나 없이
하나같이 예쁘다.

동료들 자리 비운 주말 오후
직장 뒷산에 앉아 잠깐 조는 참
누군가 물었다. 너는 무슨 꽃?
잠결에 대답했다. 꿈꽃.
작디작아 외롭지 않을 때는 채 뵈지 않는
(내 이는 몰래 빠집니다)
바로 그대 발치에 핀 꿈꽃.　──「꿈꽃」

I

 황동규는 시로 꿈꾸는 시인이다. 그의 꿈은 젊은 날의 열정과 방황으로 충만한 '시월(十月)'의 강물을 건너 어두운 시대의 성긴 눈을 맞으며 프레스토로 몰운대를 거쳤다. 이제 그의 꿈은 바람부는 미시령에 홀연히 서 있다. 35년의 세월이 흘렀다. 그 세월 동안 그의 꿈의 결정체들은 "20세기 후반의 한국의 시사(詩史)"라는 한 평론가의 진단처럼 우리 시대 시의 규범적인 모습을 독자들에게 정직하게 제시해왔다. 그 진화 과정은 드라마틱한 여행이었다.
 "마음이 헐거워질 때까지 잊혔다 돌아오면/혹시 진정한 '나'가 눈앞에 보이지 않을까?/사는 맛이 화장지운 제맛으로?"(「다산초당」)라는 표현에서 보이는 것처럼 황동규에게 시적 여행이란 위선을 벗은 진정한 나와 삶의 정체성을 찾는 과정이었다. 이 여행에서 "진정한 '나'"를 찾았는가 하는 결과론적인 문제는 그 찾는 과정에 비하면 그리 중요한 것은 아니다. 왜냐하면 일상 혹은 현실이라는 구심력과 여행이라는 원심력이 팽팽히 대치하는 상태의 유지가 삶의 정태성을 극복해줄 수 있기 때문이다. 구심력이 승리하면 꿈 없는 소시민으로 안주할 것이며 원심력이 승리하면 초월이나 실종으로 나아가버릴 것이다. 이 둘의 팽팽한 갈등이 황동규 삶과 시 전체의 방법론적 긴장감으로 작용한다.
 가령 「마왕」과 같은 시는 일상적 규범을 화자 '나'에게 강요하는 '나' 속의 또 다른 '나'인 악마와, 서가에서 『환상의 드라이브 코스』를 뽑거나, 가짜 시바스 리갈을 마시고 동서남북을 구별 못 해 지하철을 거꾸로 타거나, 산속에 몰래 들어가 예쁜 꽃들을 만나려고 하는, 일상에서 일탈하려는 '나'와의 갈등을 노래한다. 소시민적 일상에서 벗어나 어디론가 끊임없이 달아나고자 하는 마약과도 같은 여행의 원심력은 역설적으로 일상을 버틸 구심력을 시인에게 마련해주는 것이다. 황동규가 "나에겐 여행이 악기"라고 자신있게 노래할 수 있는 것도 그 때문이다.

 오르페우스와 윤선도(尹善道) 모드 악기 잘 탔지만
 나에겐 여행이 악기이다. ──「지방도에서」

 무반주 떠돌이 여행이든 복수(複數) 여행이든, 길이 미로처럼 복잡해서 헤매는 여행이든, 그는 상관하지 않는다. 여행은 삶이며, 헤맴 없는 삶이란 없기 때문이다.

 허나 헤맴 없는 인간의 길 어디 있는가?
 무엇이 밤 두시에 우리를 깨어 있게 했는가?
 무엇이 온밤 하나를 원고지 앞에서 허탕치게 했는가?
 석곡란에 늦은 물 주고,
 밤이 하얗게 새는 것을 보게 했는가?
  ──「오어사(吾魚寺)에 가서 원효를 만나다」

위의 진술에서 보이는 것처럼 여행에서의 헤맴과 일상에서의 헤맴은 서로 등가이며 그 헤맴의 과정은 삶의 궁극적인 의미를 찾는 구도의 길이다.

Ⅱ

『미시령 큰바람』에서 황동규는 여행의 본원적인 의미를 물으면서도 그 동안의 시와 삶의 오랜 여행에서 체득한 실천적 경험을 독자에게 제시한다. 그것은 결과만 따로 떼놓은 것이 아니라 그 스스로 명명한 극서정시 양식으로 주어져, 시인의 의식이 변환되거나 상승되는 과정을 구체적으로 보여준다. 독자는 황동규 시라는 배에 동승하여 함께 항해하는 것이다. 예컨대 「오어사(吾魚寺)에 가서 원효를 만나다」는 다음과 같이 전개된다.

1련: 포항에서 해물탕집을 찾으러 다니느라 헤맨다.
2련: 1련의 지리적 헤맴은 시인의 의식 속에서 삶도 또한 헤맴이 아닌가라는 생각으로 전환된다.
3련: 포항에서 오어사 입구까지 가는 여정이 제시된다.
4련: 오어사와 호수에 이른다.
5련: 초반부에서 원효의 삿갓과 녹슨 숟가락을 만난다. 마지막으로 시인은 다음과 같은 진술을 한다.

다시 물가로 나간다.
오늘따라 바람 한점 없이 고요한 호수에선
원효가 친구들과 함께 잡아 회를 쳤을 잉어가
두셋 헤엄쳐 다녔다.
한 놈은 내보란 듯 내 발치에서 고개를 들었다.
생명의 늠름함,
그리고 원효가 없는 것이 원효 절다웠다.

 결국 시인이 만난 것은 시공을 초월한 "생명의 늠름함"이었다. 이렇게 획득한 시적 결론은 시적 전개 과정의 구체성으로 인해 설득력을 가진다. 황동규의 화두는 느닷없이 독자에게 주어진 것이 아니라, 마치 소크라테스의 '대화'처럼 독자를 서서히 절정이나 깨우침으로 몰고 가는 것이다.
 이 극서정시 양식은 굳이 여행의 구조를 보이지 않는 시에서도 성공적으로 전개된다. 「밤새워 글쓰기」라는 시를 보기로 하자.

 1련: 방학 핑계삼아 밤새워 글을 쓰지만 그 글들은 새벽에 모두 헐겁게 흩어져버리고, 여명 속에 보이는 산들은 변함없이 지겨울 뿐이며 오직 밤샌 피로로 인해 혀와 입 안만이 깔깔하게 느껴질 뿐이다.
 2련: 밤새 쓴 글 속의 '나'를 '그'로 바꾸어본다. 그는 사자산 법흥사 보궁 안으로 사라져버렸다. 글도 모두 메아리처럼 실체가 도무지 잡히지 않는다. 시인은 밤새 무엇을 쓴 것인가.

3련: 기발하게도 장욱진 화백의 그림(「집과 까치」인 듯)이 등장한다. 비구니들의 머리처럼 단순하고 정갈한 선들 속에 시인은 "철선을 조심히 구부려 만든 사람 한 점"을 발견한다. 그 사람은 2련의 보궁 안으로 사라져버렸던 내 글 속의 '나'가 아닌가 하는 생각에 이른다. 지쳐서 지지부진하게 밤새워 쓴 글보다 한 편의 좋은 그림이 훨씬 매혹적으로 시인에게 다가온 것이다.

4련: 시인은 괴롭다. 밤새워 쓴 글이 다만 하나의 메아리뿐이라니. 무엇이 시인을 이 괴로움에서 구출할 것인가. 그것은 역설적으로 바로 밤새 무두질당한 자신의 입과 혀다. "커피도 달고/아스피린 두 알도 달"아서 "세면대에 뱉아놓는" 입과 혀의 놀랄 만큼 생생한 감각이 삶의 원천적 기반이 아닌가, 바로 그 감각이 있는 한 나는 살아 있지 않는가(미궁 속으로 빠지지 않고) 하는 생각에 이른 것이다. 1련의 피로한 입과 혀는 2, 3련을 거쳐 4련에 이르면 새로운 역동성을 부여받는다. 이것이 극서정시 양식의 시적 효과이다. 극적인 시의 전개를 통해 확인된 시인 주체의 생명성은 시인의 마음을 너그럽게 하여 다음과 같은 진술을 하게 한다.

저 산의 눈 작년 눈이면 어떠리,

내년 눈이면?
사자산이 추억 속에서 머리 깎이면 어떠리.
시간(時間)이 이발당한들!
아니, 내 글이 '그'의 글이 되면 어떠리.
글보다도, 가죽처럼 무두질당한 혀와 입이 서로 비비며
더 확실히 삶의 감각을 되살리지 않는가!

집 안이 깨어 웅성대기 시작한다.

글도 그림도 모두 주체의 생명성을 전제로 해야 성립되는 것이다. 「오어사(吾魚寺)에 가서 원효를 만나다」가 대상의 생명성에 주목한 것이라면 이 시는 주체의 생명성 확인의 기쁨을 노래한다. 마지막 행은 시간 전개에 따른 상황 변화이기도 하면서 한편으로 생명성을 깨달은 시인의 기쁨을 우회적으로 표현한 것이기도 하다. 요컨대 독자는 이 두 편의 극서정 양식의 시 여행에 동승하여 객체와 주체의 생명성 발견이라는 작은 희열을 느낄 수 있는 것이다.

Ⅲ

『미시령 큰바람』에서는 위에서도 보았듯이 평소에는 무심히 스쳐갔을 미세한 생명의 새로운 발견이나 생명에의 경탄이 곳곳에서 눈에 띈다.

i) 새벽빛 터지는 삼천포 어시장에선
　　숨죽이고 눈흘기는 이쁜 물고기들이
　　그대의 혼을 끌리.
　　——「이백(李白) 주제에 의한 일곱 개의 변주곡」

ii) 그 얼굴 아래
　　진한 그늘 가득 넘실대는
　　수국(水菊).　　——「더 비린 사랑 노래 1」

iii) 이리저리 만져보아도
　　어디 시큰거리는 기색이 없어,
　　뒤집어보니
　　이런, 씨집이…
　　　　　　——「도가니가 마르기 시작할 때」

 i)은 여행중 만난 어시장 물고기들의 싱싱한 생명력에 대한 경탄이고(비록 그것이 죽어 있을지라도!) ii)는 친구 막내딸의 싱그러움에 대한 찬사이다. iii)은 미세한 자연의 세심한 관찰의 결과 이루어진, 자연의 생명력과 섭리에 대한 감탄이다.
 「시멘트 나라의 꽃」이라는 시에서는 설사에 시달려 아침밥을 굶은 시인이 운전중 발견한 시멘트 담장 위 꽃들의 아름다움과 신선함을 노래하고 있다. 그 풍경에 도취되어 자동차를 서행 혹은 정지할 시 뒤차가 경적을 울린다. 이때 시인은 비상등을 켜면서 "잠깐만 참으시압./자연의 가슴에서/목하(目下)

수유중!"이라며 한껏 여유를 부린다. 생명성이나 자연의 발견은 세속 도시의 숨가쁜 일상 속에서도 시인에게 찰나적인 순간의 황홀감을 주는 것이다.

이러한 생명에 대한 관심은 당연히도 있는 그대로의 자연으로 시인을 몰입하게 한다. 생명은 자연에 근거한 것이며 자연은 생명으로 존재를 영속시키는 것이 아닌가. 이 깨달음의 시적 표출은 80년대 이후 시인이 천착하기 시작한 동양적 세계관과 무관하지 않다. 이제 시인은 자연미에 근거한 한국적 건축미에 경도되기도 하고(「풍장 52」), 단아한 비구니 머리의 곡선미에 매혹되기도 한다(「죽음 즐긴 라이프니츠」). 그러면서 한편 시인은 자연을 자연답지 못하게 하는 공해에 관심을 기울이기도 한다(「SOS」「지난밤 꿈에」「몰운대는 왜 정선에 있었는가?」).

「몰운대는 왜 정선에 있었는가?」는 자연과의 합일을 추구하는 시인의 심리와 개발의 칼날에 파괴되는 자연에 대한 우려가 솜씨있게 결합한 작품이다. 이 시에서 시인은 "지난 몇 년간 정선은 내 숨겨논 꿈, 너무 달아 내쉬다 도로 들이켠 한 모금 공기, 쓰다 못 쓴 뜨거운 시, 애인, 포장 안 된 순살결의 길"을 달려 몰운대로 가면서 정선의 녹음과 만난다.

이젠 어떤 선(線) 어떤 면(面) 어떤 색(色)이 인간의 마음을 구해주리라 믿지 않는다. 어떤 믿음이 믿음을 구해주리라고도 믿지 않는다. 그러나 봄꽃 다 지고 가을꽃떼 채 출몰하기 전 이 산천의 녹음, 저 무선(無

線) 무형(無形) 무성(無聲)의 색은 어느 품보다도 더 두터운 품, 어느 멈춘 시간보다도 더 흐트러지지 않은 시간. 감자전을 맛보기 위해 잠시 세운 차 앞에 물결나비 한 마리가 날아와 망설이고 있다. 봄 쪽으로 갈까, 가을 쪽으로 갈까? 저 조그만 노랑 들꽃 위에 그냥 머물러 있거라, 이 마음 뒤집히는 녹음 속에.

산천 녹음과 만나는 시간은 "흐르는 시간 슬쩍 흐름 늦추"는 황홀과 정지의 순간이며, "어느 품보다 더 두터운" 자연의 품에 안기는 순간이다. 얼마나 편안한가. 그러나 정작 몰운대는 길이 뚫리고 포장이 되면서 라면 봉지와 깨어진 소주병들로 뒤덮여 있다. "남아 있는 위험 표지판만이 희미한 옛사랑의 흔적일 뿐," 몇 년 전의 고요한 몰운대는 온통 구겨져 있다. 시인의 안면 근육이 일그러질 순간, "그러나 그 위에 아직" 있다. "녹음의 혼(魂)"인, "녹음 켜고 있는 하늘"이. 이 하늘을 발견하면서 시인은 자연의 너그러운 품으로 다시 안긴다.

생명의 발견과 자연에의 의탁은 시인을 한결 너그럽게 만든다. 이 너그러움은 한편으로 가까운 친구들의 죽음을 보며 남은 세월이란 그리 길지 않다는 자각에서도 연유하는 듯하다.

i) 나무들의 뿌리들이 보인다,
　서로 얽히지 못하고
　외로이 박혀 있는 뿌리도.

내 잘못한 일, 약게 산 일의
　　엉켜진 뿌리들도 보인다.　　──「늦가을 빗소리」

 ii) 그러나 이제는 여행 꾸러미 속에서도
　　가볍게 누워 잠든다,
　　고추잠자리 마른 풀잎에 내려 졸 듯.
　　마지막 술잔에 내장(內臟)을 하나씩 맡기고
　　누군가 옆에서 인생과 문학을 갖고 놀면
　　귀 열어논 채 잠든다.　　　　──「풍장 39」

　i)은 시간이 졸아듦을 느끼며 쓴 시이며 ii)는 여행지에서의 하룻밤을 묘사한 시다. 젊은 날의 복수 여행에서 시인은 쉽게 잠들지 못했다. 그는 취해도 뒤늦게 잠들었다. 고민과 방황과 들끓음의 젊은 날의 여행들. "그러나 이제는 여행 꾸러미 속에서도 가볍게" 잠들 수 있다. 취객 동료들이 인생과 문학에 대해 열변을 토하면 그는 그것을 들으면서 "귀 열어논 채" 잠들 수 있다.
　너그러움과 여유의 전제 조건은 정신의 가벼움이다. 정신의 무거움은 욕망과 아집에 사로잡힌다. 정신의 가벼움은 일상적 시공과 삶의 권태로부터 육신을 해방시킨다. 여행도 삶도 죽음도, 즉 공간적 이동이나 존재의 변이나 시간적 초월 모두 정신의 가벼움이 있어야 가능하다. 그가 "한때는 얼음낀 강물 속까지 들어가/무거운 돌들의 얼굴들을 파 모았지만/이즈음은 소리없이 다니면서/새가 남기고 간 깃털을 모읍니다"(「더욱더 비린 사랑 노래 1」)라고 하는 것은 그의 관심이 무거움에서 가벼움으로 전환되었다는 것을 암시한다. 이 가벼움은 여행이나 사물의 면밀한 관찰을 통해 제시되기 때문에 한결 구체적으로 다가온다. 신비주의의 함정을 비켜가는 것이다.

정신의 가벼움을 통해서 황동규는 자연과 합일되는 기쁨을 맛보기도 하고 자재(自在)의 경지를 누리기도 한다. 이러한 경향은 후반기 「풍장」에 집중적으로 나타난다.

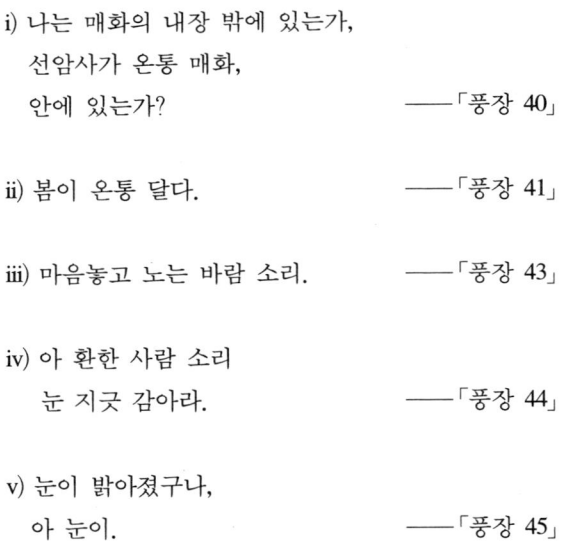

i) 나는 매화의 내장 밖에 있는가,
　선암사가 온통 매화,
　안에 있는가?　　　　　　　　——「풍장 40」

ii) 봄이 온통 달다.　　　　　　——「풍장 41」

iii) 마음놓고 노는 바람 소리.　　——「풍장 43」

iv) 아 환한 사람 소리
　눈 지긋 감아라.　　　　　　——「풍장 44」

v) 눈이 밝아졌구나,
　아 눈이.　　　　　　　　　　——「풍장 45」

자연과의 합일, 삶의 여유와 인간사의 긍정, 삶의 미세한 부분까지 통찰할 수 있는 밝은 눈. 이와 같은 세계는 10여 년간에 걸친 「풍장」 연작시의 수련 끝에 얻어진 결과이다. 초기 「풍장」 시편들은 언젠가 다가올 죽음을 길들이기 위한 과정이었다. 우리에게 서서히 다가오는 죽음은 우리 삶을 서서히 완성시킨다. 그렇기 때문에 우리는 죽음의 긍정을 통해 한시적 삶의 아름다움을 확보할 수 있다. 『미시령 큰바람』에 실린 「풍장」 시편들은 죽음의 긍정, 나아가 죽음의 극복을 통해 삶의 정신적 자유를 얻는다. 이 극복을 위한 전제 조건이 시간의 정신적 장악이다. 죽음은 시간으로부터 오는 것이 아닌가. 죽음의 배후에 있는 시간에서 놓여나지 못한다면 어렵게 얻은 삶의 황홀은 또다시 심연의 어두움으로 달아나지 않겠는가. 근작 「풍장」 시편들은 이 시간과 정면 대결한다.

> 오늘 서가의 지도(地圖)를 모두 버렸다.
> 바닷가를 방황하다가
> 우연히 눈부신 눈을 맞으리.
> 건너편 섬이 은색 익명(匿名)으로 바뀌다가
> 내리는 눈발 사이로 넌지시 사라지는 것을 보리.
> 사라진 섬을 두고,
> 마음에 박혔던 섬도 몇 뽑고
> 마음에 들던 섬부터 뽑고
> 섬처럼 박혀 있던 시간들도 모두 뽑아버리고
> 돌아오리.
>
> 오늘 지도를 모두 버렸다. ──「풍장 50」

공간의 안내 책자인 지도를 모두 버리고, 죽음으로 인도하는 "시간들도 모두 뽑아버리고," 시인은 돌아오겠다는 것이다. 시인의 이 비장한 결심은 현실적으로 불가능하며, 시간을 뽑아버렸다고 해서 시인이 죽지 않는 것도 아니다. 그러나 시인이 주목하는 것은 육체의 죽음이 아니라 시간의 극복을 통한 정신과 삶의 자유와 자재(自在)이다. 후반기 「풍장」이 밝음의 모습을 보일 수 있는 것도 바로 시인이 시간의 공포를 정신적으로 극복하여 정신의 자재한 상태에 도달했기 때문이다. 시인이 「오색(五色) 문답」에서 오색에 꽂히면 어디서 죽을 거냐는 질문에 '"육색(六色)을 찾아가지요."/"육색은 어디?"/"오색 꽃이 없는 곳"'이라고 답하는 것은 육체적 죽음의 시간과 장소는 중요하지 않다는 깨달음에서 나온 결과인 듯하다. 지구 어디에서 죽어도 상관없다는 것이다. 보다 중요한 것은 정신의 자유자재한 삶이다. 죽음과 그 배후 세력인 시간마저 떨쳐버렸기에 그 정신은 한편 존재의 가벼움으로 충만된다.

IV

이제 이 시집의 표제시 「미시령 큰바람」과 만나기로 하자.

이 시는 바람이라는 낱말이 가지는 이중적 의미(이 시에서는 자연적 바람과 세속적 바람)와, 여행 공간인 미시령과 현실 공간인 연구실의 병치로 인해

꼼꼼히 읽지 않으면 혼란에 빠지기 쉽다. 5련의 초반부까지 산문적으로 읽어보자.

1련: 시인이 서 있는 미시령에는 사람도 날려보낼 듯한 거센 바람이 분다. "나는 나를 놓칠까봐/ 나를 품에 안고 마냥 허덕였"을 정도의 강풍이었던 것이다.

2련: 세찬 바람에 날려가지 않기 위해 애쓴 모습에서 시인은 세상살이의 바람에 시달린 자신의 모습을 연상한다. 세상에도 강한 세속의 바람이 불었고 시인은 점점 왜소화되어간다. 미시령의 바람은 약해진다.

3련: 시인은 완전히 왜소화되었다. 세속의 바람은 시인의 꿈조차 잠들게 했다.

4련: 힘든 세상살이를 생각할 때마다 시인은 작은 새를 꿈꾼다. 이 새는 세속적 삶의 일상을 초월하고 싶은 시인 자신의 분신인 듯하다. 바람의 자장에서 벗어난 새는 얼마나 자유로울 것인가. 그 새의 "얼굴은 녹슬지 않으리라." 그렇다면 '과연' 현실의 나의 삶은 어떤가?

5련: 스물세 해를 사용한 연구실의 책상은 구석구석 녹슬어 있다. 그 책상의 녹은 시인 자신의 '삶의 녹'이 아닐까라는 생각이 든다. 그래서 시인은 "손수건을 꺼내 얼굴을 닦는다." 삶의 녹이 지워질 리가 없다. 헌 책상을 복도로 내가고 새 책상을 들여다놓는다. 시인은 연구실 문을 나서다

발을 헛디뎌 넘어질 뻔하다가 헌 책상 모서리를 간신히 붙잡고 일어서서 복도 끝의 나무들을 바라본다. 시인에게는 어떠한 변화가 일어났을까?

   나무들은 조용하다.
   옛책상의 얼굴을 한번 조심히 쓰다듬어본다.
   내 내장, 관절, 두뇌 피질 여기저기서
   녹물이 흘러나온다.
   녹물이 사방에 번진다.
   옛책상의 얼굴을 한번 더 쓰다듬는다.
   지구(地球)의 얼굴이 부드러워진다.
   이상하다
   바람이 일기 시작한다.
   복도 끝의 나무들이 흔들리고
   가로수와 간판이 흔들리고
   강원도 나무들이 환하게 소리지르고
   그 바람 점점 커져
   드디어 내 상상력을 벗어난다.
   아 이 천지(天地)에

   미시령 큰바람.

"옛책상의 얼굴 한번 더 쓰다듬는다"에서 놀라운 반전이 일어난다. 책상을 다시 한번 더 쓰다듬는 행위는 삶의 녹과의 화해에 대한 시인의 의지다. "사라지지 않는 것들은 다 녹이 슨다." 그것이 세상의 이치다. 그것을 인정하지 않는 것은 젊은 날의 결벽성이다. 그러나 위에서 보아왔듯이 시인은 긴 여행을 통해 정신의 자재에 이르렀다. 서속의 녹도 껴안는 것이다. 이 반전의 결과 "지구의 얼굴이 부드러워"지고 "바람이 일기 시작"한다(이 최후의 바람은 세속과 바람이라는 상반되는 이중적 의미가 합쳐져 하나가 된 바람이다). 세속과 강원도가 시인의 의식 속에서 일체가 되고(萬物齊同), "그 바람 점점 커져" 천지(天地)를 뒤덮는 큰바람이 된다.

바람이 불다가(1련), 약해지며(2련), 멈추고(3련), 다시 거세게 일어나 큰바람이 되는(5련) 이 시의 역동적 구조는, 삶의 녹과의 화해를 통해 삶의 자연성을 회복하는 극서정 양식의 의미 구조와 단단하게 결합하여 시적 절정으로 고양된다. 껴안음, 어루만짐, 삶의 녹과의 화해, 자연성의 회복으로 주제가 고조되는 이 시는 시집 『미시령 큰바람』의 의미망을 요약적으로 보여준다.

V

오랜만에 남포오석 비(碑)에서
기어가던 금이
가장자리까지 가지 못하고 멎는다.
푸른색 유리 잔돌 박힌 곳에서
잠시 주저하다
방향 약간 바꿔

한 뼘쯤 더 기어가다……

언젠가 지금처럼 시를 쓰다 말련다.
──「최후의 시」

 이 시의 1련은 장식음이다. 이 시의 비밀은 끝의 서술어 '말련다'에 있다. 이 시어의 뜻은 '죽겠다'이다. 최후의 순간에도 지금처럼 시를 쓰다가 세상을 뜨겠다는 시쓰기에 대한 강렬한 의지와 열정. 시와 몸의 무의식적 일치. 그것들은 일찍이 황동규가 「즐거운 편지」에서 노래한 '기다림의 자세'가 아닌가. 35년 동안 황동규의 시에 대한 자세는 한올 흐트러짐이 없었던 것이다.
 가벼운 정신의 자재(自在)를 노래한 꿈꽃 황동규, 그러나 그는 아이러니하게도 시쓰기의 구속에는 무기력할 뿐이다.